Chisanga Kapinda

Gotowość e-Governance do zabezpieczenia cybernetycznego

AF886706

Chisanga Kapinda

Gotowość e-Governance do zabezpieczenia cybernetycznego

w krajach rozwijających się

Wydawnictwo Bezkresy Wiedzy

Imprint
Any brand names and product names mentioned in this book are subject to trademark, brand or patent protection and are trademarks or registered trademarks of their respective holders. The use of brand names, product names, common names, trade names, product descriptions etc. even without a particular marking in this work is in no way to be construed to mean that such names may be regarded as unrestricted in respect of trademark and brand protection legislation and could thus be used by anyone.

Cover image: www.ingimage.com

Publisher:
Wydawnictwo Bezkresy Wiedzy
is a trademark of
International Book Market Service Ltd., member of OmniScriptum Publishing Group
17 Meldrum Street, Beau Bassin 71504, Mauritius

Printed at: see last page
ISBN: 978-620-0-54628-9

Copyright © Chisanga Kapinda
Copyright © 2020 International Book Market Service Ltd., member of OmniScriptum Publishing Group

Gotowość e-Governance do zabezpieczenia cybernetycznego

A Krytyczny przegląd bezpieczeństwa cybernetycznego

Readiness of e-Governance in Developing Countries - A Case of Zambia

Mr. Chisanga Kapinda, CISA, CSAP, CNIP, CySA+, Security+, Network+, Server+, Project+ ICT Security Lecturer - Cavendish University Zambia,

chisangakapinda@gmail.com

Lusaka, Zambia

Podziękowania

Chciałbym wyrazić uznanie dla Uniwersytetu Informacji i Komunikacji (ICU) w Zambii za wsparcie podczas studiów. Chciałbym również wyrazić uznanie dla wszystkich uczestników i respondentów biorących udział w ocenie. Chciałabym również wyrazić uznanie dla pani Hiteeshy Bachoo z Wydawnictwa Akademickiego LAMBERT za jej wsparcie i zachętę do wydania książki.

Dedykacja

Mojej mamie, tacie, rodzeństwu, narzeczonemu i przyjaciołom, którzy zachęcali mnie do studiowania informatyki. Dedykuję tę książkę mojemu tacie i wszystkim mentorom, którzy zainspirowali mnie do podążania za moją pasją. Dedykuję również tę książkę wszystkim czytelnikom, którzy uznają ją za przydatną.

Streszczenie

Systemy zarządzania elektronicznego (e-Governance) są wdrażane na całym świecie w celu poprawy wygody, skrócenia czasu, zwiększenia przejrzystości, skuteczności, wydajności i jakości świadczenia usług publicznych dla przedsiębiorstw i obywateli. Usługi E-Governance stają się jednym z najważniejszych i najbardziej efektywnych środków. Przyniosło to jednak nie tylko ogromne możliwości, ale również poważne wyzwania w zakresie bezpieczeństwa cybernetycznego. Bezpieczeństwo cybernetyczne ma kluczowe znaczenie dla pomyślnego przyjęcia systemów e-administracji, dlatego też w niniejszym opracowaniu przedstawiono ocenę gotowości instytucji rządowych do wprowadzenia e-administracji w Zambii. Niniejszy dokument podkreśla wyniki badania ankietowego przeprowadzonego w celu uświadomienia sobie postrzegania bezpieczeństwa cybernetycznego w instytucjach rządowych w Zambii. Przy pomocy ankiety internetowej, około 30 pracowników TIK z instytucji rządowych zostało przebadanych pod kątem skuteczności wdrażania bezpieczeństwa cybernetycznego w ich instytucjach. Zadano pytania dotyczące praktyk w zakresie bezpieczeństwa informacji, takich jak polityka bezpieczeństwa informacji, audyty, zarządzanie ryzykiem, ciągłość działania i odzyskiwanie danych po awarii, kontrola dostępu, szkolenia i świadomość, wykwalifikowany personel i technologie ochrony infrastruktury e-administracji. Wyniki badania pokazują, że mniej niż 50% respondentów uważało, że wdrażanie bezpieczeństwa cybernetycznego jest skuteczne w odniesieniu do takich praktyk. Ustalenia te sugerują, że wiele praktyk z zakresu bezpieczeństwa cybernetycznego jest nieodpowiednio wdrażanych, a zatem istnieje poważna luka w osiąganiu wymaganej postawy bezpieczeństwa cybernetycznego w kierunku e-rządzenia. W badaniu tym zalecono instytucjom rządowym stworzenie kompleksowych programów bezpieczeństwa cybernetycznego z naciskiem na politykę bezpieczeństwa informacji, zarządzanie ryzykiem, świadomość i szkolenie oraz budowanie potencjału zawodowego w zakresie bezpieczeństwa cybernetycznego. Ponadto studium badawcze ma zastosowanie zarówno do instytucji rządowych, jak i prywatnych w zakresie wdrażania bezpieczeństwa cybernetycznego i zarządzania nim.

Słowa kluczowe: Bezpieczeństwo cybernetyczne, e-rządzenie, instytucje rządowe, TIK, e-usługi.

Spis treści

Rozdział 1

1. Wprowadzenie

Bezpieczeństwo cybernetyczne nie znajduje się jeszcze w centrum wielu krajowych strategii technologicznych, zwłaszcza w większości krajów rozwijających się (James, 2017). Inicjatywy w zakresie e-rządzenia i bezpieczeństwa cybernetycznego znajdują się w stadium niedojrzałym, zwłaszcza w krajach rozwijających się, w tym w Zambii. Dlatego też wdrażanie zarówno bezpieczeństwa cybernetycznego, jak i e-rządzenia w krajach rozwijających się nadal napotyka na więcej trudności w porównaniu z krajami rozwiniętymi. Od początku dwudziestego pierwszego wieku świat rozwijający się stoi w obliczu nowego rodzaju konfliktu, jakim jest kontrola technologii i cyberprzestrzeni. Głównym problemem w cyberprzestrzeni jest brak powszechnego zrozumienia definicji, norm, wartości, zasad, regulacji i przepisów dotyczących korzystania z Internetu w ogóle oraz ścigania przestępców [i].

Z drugiej strony, kraje rozwinięte zainwestowały w wykorzystanie słabych punktów cyberprzestrzeni, aby uzyskać przewagę i wpływy nad swoimi rywalami. Aby móc korzystać z cyberprzestrzeni, kraje rozwijające się polegają na produktach wytwarzanych przez kraje rozwinięte, a co ważniejsze, wykorzystują technologie opracowane przez te same kraje w celu ochrony swoich informacji na potrzeby swoich inicjatyw w zakresie e-rządzenia.

Bezpieczeństwo cybernetyczne ma zasadnicze znaczenie dla pomyślnego przyjęcia systemów e-administracji, ponieważ rządy są w coraz większym stopniu uzależnione od informacji przechowywanych i przekazywanych za pośrednictwem technologii informacyjno-komunikacyjnych, a zatem bezpieczna e-administracja kraju posiadającego strategiczne e-usługi nie może przetrwać bez skutecznych praktyk w zakresie bezpieczeństwa cybernetycznego stosowanych przez przyjmujące instytucje rządowe (Serianu, 2016).

Z bezpieczeństwem cybernetycznym i e-administracją zawsze wiąże się kilka powiązanych ze sobą czynników sukcesu i porażki, a na poziomie abstrakcyjnym zagrożenia bezpieczeństwa cybernetycznego dla usług e-administracji mogą wynikać z kwestii technicznych i nietechnicznych. Techniczne aspekty bezpieczeństwa mogą obejmować podatność na zagrożenia spowodowaną złym projektem, opracowaniem, wdrożeniem, konfiguracją, integracją i konserwacją systemu. Podobnie, nietechniczne aspekty bezpieczeństwa mogą wynikać z braku norm etycznych i kulturowych, dokumentów prawnych i umownych, polityki administracyjnej i zarządczej, wytycznych operacyjnych i proceduralnych oraz programów podnoszenia świadomości (Zhao, 2015). Analiza przyczyn sukcesu i porażki Cybersecurity i e-governance jest nadal interesującą dziedziną badań, stąd potrzeba przeprowadzenia tego badania. W niniejszym artykule przedstawiono krytyczny przegląd gotowości instytucji rządowych do e-rządzenia w Zambii w zakresie bezpieczeństwa cybernetycznego. Badanie to, poprzez internetową ocenę gotowości instytucji rządowych do zapewnienia bezpieczeństwa cybernetycznego, zwróci uwagę na niektóre z tych czynników i przedstawi zalecenia dotyczące skutecznych praktyk w zakresie bezpieczeństwa cybernetycznego w odniesieniu do e-rządzenia. Kategorie oceny bezpieczeństwa cybernetycznego w badaniu obejmują praktyki w zakresie bezpieczeństwa informacji, takie jak polityki bezpieczeństwa informacji, audyty IT, planowanie ciągłości działania i przywracania sprawności operacyjnej po awarii, szkolenia i podnoszenie świadomości, bezpieczeństwo lub personel audytowy oraz technologie ochrony infrastruktury e-administracji. Wybierając te kategorie, kierujemy się normą ISO 27001 oraz przewodnikiem NIST dotyczącym oceny bezpieczeństwa kontroli w federalnych systemach i organizacjach informatycznych. Ramy te są wdrażane na całym świecie jako standardy bezpieczeństwa dla zarządzania bezpieczeństwem cybernetycznym (ISO, 2017). Podstawową przeszkodą w badaniu jest fakt, że bezpieczeństwo cybernetyczne jest kwestią delikatną, zarówno z punktu widzenia sektora prywatnego, jak i rządu. Przyjmowanie słabych punktów jest zazwyczaj postrzegane jako słabość. Stanowi to barierę w dyskusji i wzajemnej zależności pomiędzy obiektywnymi informacjami i najlepszymi praktykami.

1.1 Motywacja i obszar problemowy

Zambia i inne kraje rozwijające się nadal pozostają w tyle nie tylko pod względem gospodarczym, ale również pod względem wdrażania technologii informacyjno-komunikacyjnych (ICT) w swoich systemach zarządzania. Określenie czynników, które wpływają na sukces e-rządzenia w Zambii i innych krajach rozwijających się w porównaniu z krajami rozwiniętymi, ma na celu pomóc naukowcom w znalezieniu jednoznacznych odpowiedzi na ten problem. Jako jeden z wielu czynników, słabe wdrożenie bezpieczeństwa cybernetycznego ma duże znaczenie dla powodzenia e-rządzenia (James, 2017).

Przeprowadzono wiele badań na temat wdrażania e-administracji w Zambii i innych krajach rozwijających się, ale bardzo niewiele lub żadna z nich nie została przeprowadzona specjalnie na temat wyzwań bezpieczeństwa cybernetycznego związanych z e-administracją. Dlatego też w tym właśnie kontekście autor starał się przeprowadzić badania mające na celu określenie praktyk w zakresie bezpieczeństwa cybernetycznego, takich jak polityka bezpieczeństwa informacji, audyty, planowanie ciągłości działania i usuwania skutków awarii, szkolenia i podnoszenie świadomości, wykwalifikowany personel i technologie ochrony infrastruktury e-administracji. Wreszcie, autor, który pełnił funkcję urzędnika ds. bezpieczeństwa cybernetycznego w rządzie, uznał, że badanie przyczyni się do poprawy praktyk w zakresie bezpieczeństwa cybernetycznego w instytucjach rządowych, gdy tylko zostaną stwierdzone niedociągnięcia.

1.2 Cel i cele badania

Celem tych prac badawczych jest określenie skuteczności Cyberprzestrzeni w zakresie e-rządzenia w Zambii. Wyraźne cele są następujące: -

i. określenie skuteczności praktyk w zakresie bezpieczeństwa cybernetycznego w instytucjach rządowych w Zambii;

ii. określenie sposobów poprawy bezpieczeństwa cybernetycznego w instytucjach rządowych.

1.3 Rozumienie e-rządzenia

Terminy "cyfrowa administracja", "elektroniczna administracja" (e-Government) i "elektroniczne zarządzanie" (e-Governance) są szeroko stosowane w celu przedstawienia wykorzystania technologii informacyjnych i komunikacyjnych (ICT) w organizacjach sektora publicznego. Rządy pełnią wiele funkcji, takich jak świadczenie usług, a także rządzą. Role rządów obejmują ustalanie, monitorowanie i egzekwowanie standardów w ramach systemów służących społeczeństwu. Z tego powodu terminy te są często używane zamiennie. Te trzy terminy zostały wyróżnione w następujący sposób: -

- Cyfrowy rząd odnosi się do "terminu parasolowego, który obejmuje wszystkie zastosowania technologii informacyjnych i telekomunikacyjnych w sektorze publicznym" (Garson 2006).

- E-administracja jest jednym z aspektów administracji elektronicznej. E-administracja odnosi się do świadczenia rządowych usług publicznych za pomocą ICT, w szczególności przez Internet.

- e-Governance odnosi się do wykorzystania ICT do organizacji działalności politycznej w państwach narodowych i poza nimi. E-administracja jest jednym z wielu konkurencyjnych terminów związanych z wykorzystaniem nowych technologii, takich jak Internet i technologia mobilna, do celów publicznych i rządowych. Inne powszechnie stosowane terminy, które mają nakładające się na siebie znaczenie, to: demokracja elektroniczna (e-demokracja), demokracja online, cybermokracja, demokracja wirtualna, zarządzanie online, tele-demokracja, e-uczestnictwo i e-delibracja" (Chen 2008).

Jednakże wykorzystanie TIK do skutecznego służenia społeczeństwu w Internecie stanowi wyzwanie dla wielu rządów, w szczególności dla krajów rozwijających się. Organizacje rządowe borykają się z dużym stopniem niepewności przy opracowywaniu i dostarczaniu usług e-Governance ze względu na złożoność technologii, głęboko zakorzenione procedury organizacyjne oraz dużą różnorodność w zakresie akceptacji technologii przez poszczególne osoby. e-Governance wymaga znacznie więcej niż tylko technicznego czarodziejstwa, aby rozwijać i obsługiwać udane usługi online. Obejmuje to opracowanie strategicznego podejścia do organizacji i montażu zasobów materialnych, takich jak komputery i sieci, oraz zasobów niematerialnych, takich jak umiejętności i wiedza pracowników oraz procesy organizacyjne. W związku z tym, aby osiągnąć sukces, organizacje rządowe muszą zająć się dwoma czynnikami. Obejmuje to: posiadanie znaczącej populacji obywateli, którzy chcą i są w stanie przyjąć i korzystać z usług online; oraz rozwijanie zdolności zarządczych i technicznych do wdrażania aplikacji e-Governance w celu zaspokojenia potrzeb obywateli (Prattipati 2003). Te dwa czynniki są mierzone jako gotowość do e-Governance. Jednakże, w tej książce, autor skoncentrował się na gotowości Cybersecurity jako jednym z czynników, który został pominięty, stąd zainteresowanie badaniami.

1.3.1 Rodzaje e-Governance

Istnieją różne rodzaje systemów e-rządzenia opartych na wykorzystaniu TIK w celu ułatwienia relacji między rządem a innymi kluczowymi zainteresowanymi stronami. Typy relacji to relacja rząd - obywatel (Government-to-Citizen), biznes (Government-to-Business), inne rządy (Government-to-Government) oraz pracownicy (Government-to-Employees). Inne badania udoskonalają te kategorie na mniejsze podkategorie. Przyjrzyjmy się w skrócie głównym kategoriom w następujący sposób: -

1) **Podejście do e-administracji w relacji rząd-obywatel**

Działania rządu na rzecz obywateli koncentrują się na udostępnianiu obywatelom informacji w Internecie. Nazywa się to e-administracją zorientowaną na obywatela, gdy rządy podejmują dalsze kroki w celu zapewnienia usług online zorganizowanych wokół potrzeb obywateli. Wiele wczesnych projektów stron internetowych e-administracji organizowało treści, zwłaszcza hiperłącza do służb rządowych, wokół istniejącej wcześniej struktury ministerstwa i jego biurokratycznych procedur (Księżyc 2002).

2) **Podejście do e-administracji w relacjach biznesowych**

Koncentruje się na strategiach wykorzystujących technologie informacyjno-komunikacyjne w celu ułatwienia kontaktów między rządem a sektorem prywatnym w zakresie nabywania towarów i usług oraz koordynowania transakcji od przedsiębiorstw prywatnych lub państwowych. Jedno z tych podejść znane jest pod nazwą elektronicznych zamówień publicznych (e-zamówień). Ze względu na dużą liczbę zakupów dokonywanych przez rządy z sektora prywatnego, istnieje potrzeba opracowania szybszych i bardziej opłacalnych procedur obsługi typowych procedur udzielania zamówień [ii].

3) Od **rządu do pracownika i od rządu do rządu - e-administracja**

Podejścia

Elektroniczna administracja rządowa i samorządowa skupia się na relacjach między pracownikami w ramach administracji rządowej w celu koordynacji wewnętrznych działań i poprawy wewnętrznej efektywności procesów biznesowych. Bardzo ściśle powiązany, Governmentnment-to-Government e-government skupia się na świadczeniu usług dla rządów poprzez stosunki międzyrządowe. Obejmuje to działania mające na celu koordynację zainteresowanych stron z administracji krajowej, państwowej/prowincjonalnej i lokalnej, tak jak w przypadku działań humanitarnych lub kryzysowych [iii].

1.4 Rozumienie bezpieczeństwa cybernetycznego

Bezpieczeństwo cybernetyczne to ochrona systemów podłączonych do Internetu, w tym sprzętu, oprogramowania i danych, przed atakami cybernetycznymi.

W kontekście informatycznym bezpieczeństwo obejmuje bezpieczeństwo cyberprzestrzeni i bezpieczeństwo fizyczne, które są wykorzystywane przez przedsiębiorstwa do ochrony przed nieautoryzowanym dostępem do centrów danych i innych systemów komputerowych. Bezpieczeństwo informacji, które ma na celu zachowanie poufności, integralności i dostępności danych, jest podzbiorem bezpieczeństwa cybernetycznego [iv].

1.4.1 Elementy bezpieczeństwa cybernetycznego

Zapewnienie bezpieczeństwa cybernetycznego wymaga koordynacji działań w ramach całego systemu informatycznego, który obejmuje: -

-Zabezpieczenie stosowania

-Bezpieczeństwo informacji

-Bezpieczeństwo sieci

-Odzyskiwanie awaryjne i planowanie ciągłości działania

-Bezpieczeństwo operacyjne

-Edukacja użytkowników końcowych

Jednym z najbardziej problematycznych elementów bezpieczeństwa cybernetycznego jest stale zmieniający się charakter zagrożeń dla bezpieczeństwa. Tradycyjne podejście polegało na skoncentrowaniu zasobów na kluczowych elementach systemu i ochronie przed największymi znanymi zagrożeniami, co oznaczało pozostawienie elementów niezabezpieczonych i niechronienie systemów przed mniej niebezpiecznymi zagrożeniami [V].

Aby poradzić sobie z obecnym środowiskiem, organizacje doradcze promują bardziej proaktywne i adaptacyjne podejście. Na przykład National Institute of Standards and Technology (NIST) wydał niedawno zaktualizowane wytyczne w zakresie oceny ryzyka, które zalecają przejście do stałego monitorowania i oceny w czasie rzeczywistym.

Rozdział 2

2. Bezpieczeństwo cybernetyczne i badania związane z e-Ruchownictwem

W celu uzyskania bardziej przejrzystego spojrzenia na związane z tym badania, autor dokonał przeglądu literatury na temat bezpieczeństwa cybernetycznego i e-rządzenia w Afryce, Azji i Europie. Przegląd literatury jest analizą książki lub manuskryptów, z którymi konsultowali się badacze w celu zrozumienia i zbadania problemu w trakcie badań (Labaree, 2009). W związku z tym w niniejszym rozdziale przedstawiono przegląd przedmiotu objętego przeglądem. Przedstawia ona ramy teoretyczne i analizę porównawczą zaczerpnięte z podobnych badań z perspektywy globalnej, innych krajów rozwijających się i sytuacji w Zambii.

W latach 2000-2010 światowe korzystanie z internetu wzrosło z 360 milionów użytkowników do ponad 2 miliardów. (Zareen, M. S., Akhlaq, M., Tariq, M., & Khalid, U. Cyberbezpieczeństwo wyzwania i droga dla krajów rozwijających się. 2013 II Krajowa Konferencja na temat Zapewniania Bezpieczeństwa Informacji (NCIA)). Ta eksplozja użytkowania była spowodowana tym, że cyberprzestrzeń stała się o wiele bardziej efektywna i produktywna. Choć korzystanie z cyberprzestrzeni ma wiele zalet, to ma też pewne wady. Najważniejsze jest to, że nie ma dla niego fizycznych granic. Co więcej, anonimowość oferowana przez cyberprzestrzeń pomogła przestępcom uciec przed prawie każdym nielegalnym użytkowaniem sieci.

W 2012 r. kraje rozwijające się, takie jak Pakistan, Egipt, Filipiny i Korea Południowa, znalazły się w pierwszej dziesiątce krajów, w których znajdują się zagrożone komputery (boty) i które inicjują złośliwe działania, bez zgody właściciela zagrożonego komputera (Symantec Corporation): Internet Security Threat Report vol. 18, s. 123,

2013). Kraje takie jak ten powinny egzekwować prawo w celu osiągnięcia bezpieczniejszej globalnej cyberprzestrzeni.

2.1 Badania w Afryce, Azji i Europie

2.1.1 Afryka

W odniesieniu do badań nad bezpieczeństwem cybernetycznym w krajach rozwijających się, Raport o bezpieczeństwie cybernetycznym w Afryce z 2016 r. został zbadany, przeanalizowany, opracowany i opublikowany przez Zespół Wywiadu Cyberprzestępczości Serianu we współpracy z Centrum Badań i Innowacji

Informatycznych USIU (CIRI) przy Szkole Nauki i Technologii (Serianu, 2016). Raport koncentrował się na czterech głównych krajach - Kenii, Nigerii, Ghanie i Tanzanii - reprezentujących Afrykę Wschodnią i Zachodnią, ale poruszył również kilkanaście innych krajów, skupiając się na zrozumieniu, w jaki sposób specjaliści ds. bezpieczeństwa cybernetycznego w tych krajach radzą sobie z konkretnymi wyzwaniami [vi]. W sprawozdaniu wskazano między innymi następujące kwestie: -

- W ciągu zaledwie czterech (4) lat od opublikowania przez Serianu pierwszego raportu o bezpieczeństwie cybernetycznym, liczba internautów w całej Afryce podwoiła się ze 167,3 mln osób w 2012 r. do 448 mln w czerwcu.

2016. Badanie wykazało, że wielu użytkowników, głównie klientów i pracowników, ma niewielką wiedzę na temat poziomu ryzyka, na jakie narażają się zarówno oni sami, jak i organizacje, z którymi mają do czynienia online [vii].

- Wspólnym tematem podkreślonym w sprawozdaniu był brak świadomości użytkowników i ograniczona widoczność bezpieczeństwa cybernetycznego dla dostawców usług. Chociaż rządy i sektor prywatny dokonują dużych inwestycji w technologie i automatyzację, w badaniu stwierdzono, że brak jest odpowiednich inwestycji w narzędzia zapobiegania zagrożeniom cybernetycznym. Większość badanych organizacji nie miała wyraźnej widoczności na temat kwestii związanych z bezpieczeństwem cybernetycznym, na które musiały zwracać uwagę.

- Brak praktycznych wytycznych regulacyjnych ze strony branżowych organów regulacyjnych i rządowych prowadził do źle wdrożonych i niewykonalnych kontroli bezpieczeństwa, ponieważ nie są one ukierunkowane lokalnie, a zamiast tego są kopiowane i wklejane do przepisów. - Korzystając z danych pochodzących z wiodących firm badawczych i innych źródeł, w sprawozdaniu oszacowano, że wydatki na bezpieczeństwo TIK w krajach afrykańskich wzrosną z około 1,24 mld USD w 2015 r. do 3,6 mld USD w 2020 roku. W oparciu o wyniki badań większość organizacji afrykańskich była źle wyposażona i nieprzygotowana do reagowania na zagrożenia dla bezpieczeństwa informacji. Chociaż istnieją różne inicjatywy mające na celu rozwiązanie problemów związanych z bezpieczeństwem informacji w Afryce, inicjatywy te nie mogą w odpowiedni sposób rozwiązać obecnych problemów związanych z bezpieczeństwem. W sprawozdaniu zalecono, aby kraje afrykańskie i rozwijające się skoncentrowały się na sześciu (6) obszarach, którymi są: -

1. Harden Publiczna i prywatna infrastruktura i usługi TIK

2. Zwiększanie kompetencji w zakresie bezpieczeństwa TIK

3. Kultywowanie żywotnych systemów bezpieczeństwa teleinformatycznego Ekosystem

4. Zwiększenie współpracy międzynarodowej

5. Polityka rządowa

6. Zaangażowanie w system ekologiczny

Jak już wcześniej powiedziano, problem polega na tym, że sprzęt, oprogramowanie i systemy kontroli są w większości produkowane przez kraje rozwinięte, co sprawia, że kraje rozwijające się są podatne na to, że w tych komponentach znajdują się ukryte złośliwe towary, które mogą prowadzić do szpiegostwa i niewłaściwej manipulacji pewnymi maszynami. Wirus Stuxnet jest jednym z przykładów tej sytuacji. Wirus ten przejął kontrolę nad ponad tysiącem maszyn, które uczestniczyły w produkcji materiałów jądrowych i wydawał im polecenia do autodestrukcji. Uważają oni, że USB został wcześniej zainfekowany, a następnie użyty w jednej z maszyn w laboratorium, infekując w ten sposób cały system.

Ostatni raport o bezpieczeństwie cybernetycznym w Kenii mówi, że firmy tracą co roku na cyberprzestępczości około 146 milionów dolarów. Gazeta Sunday Times z RPA doniosła, że tylko w październiku 2015 roku hakerzy rozpoczęli 6000 ataków cybernetycznych na południowoafrykańską infrastrukturę, dostawców usług internetowych (ISP) i przedsiębiorstwa. **2.1.2 Azja**

Od września do listopada 2014 roku firma Deloitte przeprowadziła swoje pierwsze "badanie bezpieczeństwa informacji" w Azji Środkowej w celu lepszego zrozumienia obecnego stanu programów bezpieczeństwa informacji i struktur zarządzania organizacjami w regionie (Deloitte, 2014). Badanie objęło różne branże i dotyczyło tego, jak organizacje postrzegają, formułują, wdrażają i utrzymują swoje programy bezpieczeństwa informacji. W ramach badania zidentyfikowano pięć najistotniejszych wniosków dotyczących obecnego stanu programu bezpieczeństwa informacji w Azji Środkowej, które przedstawiono poniżej: -

1. Większość firm nie była narażona na incydenty związane z bezpieczeństwem cybernetycznym.

2. Polityka, procedury i obowiązki w zakresie bezpieczeństwa informacji zostały w większości wdrożone i określone.

3. Niewystarczające kontrole w celu zapewnienia, że strony trzecie spełniają odpowiednie normy bezpieczeństwa.

4. Świadomość zarządzania przedsiębiorstwem i użytkowników końcowych w zakresie ryzyka związanego z bezpieczeństwem cybernetycznym była niewystarczająca.

5. Chociaż istniały podstawowe środki bezpieczeństwa, bardziej zaawansowane rozwiązania były rzadko spotykane [viii].

W 2009 r. Międzynarodowy Związek Telekomunikacyjny (ITU) przeprowadził ocenę zespołu reagowania na incydenty komputerowe (CIRT) obejmującego Bhutan, Bangladesz i Indie (ITU, 2009). Głównym celem badania było zrozumienie i zdobycie wiedzy na temat sposobu, w jaki kraje te zarządzały incydentami cybernetycznymi i reagowały na nie. W badaniu skupiono się na zrozumieniu wyzwań związanych z bezpieczeństwem cybernetycznym stojących przed tymi krajami oraz na środkach podejmowanych w odpowiedzi na te wyzwania, w szczególności na ustanowieniu CIRT w celu reagowania, koordynacji i wymiany informacji związanych z incydentami cybernetycznymi [ix]. **2.1.3 Europa**

Z perspektywy świata rozwiniętego, badanie dotyczące naruszeń bezpieczeństwa cybernetycznego zostało przeprowadzone przez Ipsos MORI we współpracy z Instytutem Badań Sądownictwa Karnego na Uniwersytecie w Portsmouth (Ipsos, Cyber Seurity Breaches Survey 2018, 2018). Sprawozdanie zawiera szczegółowe wyniki badania ilościowego i jakościowego przeprowadzonego z brytyjskimi przedsiębiorstwami na temat bezpieczeństwa cybernetycznego. Departament Kultury, Mediów i Sportu (DCMS) zlecił przeprowadzenie badania w ramach Krajowego Programu Bezpieczeństwa Cybernetycznego, po wcześniejszym porównywalnym badaniu przeprowadzonym przez Departament, opublikowanym w 2016 roku.

W badaniu z 2017 r. podkreślono, że praktycznie wszystkie przedsiębiorstwa w Zjednoczonym Królestwie objęte badaniem były narażone na zagrożenia związane z bezpieczeństwem cybernetycznym (Ipsos, Cyber Security Breaches Survey 2017,

2017). Od 2016 r. odsetek stron internetowych (85%) lub portali społecznościowych (59%) wzrósł odpowiednio o 8 i 9 punktów procentowych, podobnie jak korzystanie z usług w chmurze (z 49% do 59%).

W badaniu z 2018 r. ustalono również, że 61% posiada dane osobowe swoich klientów w formie elektronicznej. W tym kontekście 74% brytyjskich przedsiębiorstw stwierdziło, że bezpieczeństwo cybernetyczne stanowi wysoki priorytet dla ich kierownictwa wyższego szczebla, a 31% stwierdziło, że jest to bardzo wysoki priorytet. Odsetek ten był bardzo niski w porównaniu z rokiem 2016 (spadek z 13% do zaledwie 7%) - zmiana widoczna głównie w populacji mikro i małych przedsiębiorstw.

2.1.4 Inne kraje

W ostatnich latach znaczna część wysiłków na rzecz rozwiązania problemów związanych z bezpieczeństwem cybernetycznym została podjęta przez kraje rozwinięte, przedstawiamy tu kilka przykładów: -

1) USA utworzyły Krajowy Wydział Bezpieczeństwa Cybernetycznego pod Departamentem Bezpieczeństwa Wewnętrznego oraz Cyberdowodzenie USA (CYBERCOM) pod Departamentem Obrony USA. 2) Francja powołała Strategiczną Komisję ds. Obrony Narodowych Systemów Informatycznych przy Ministerstwie Bezpieczeństwa Wewnętrznego i Narodowej Agencji Bezpieczeństwa Systemu Informatycznego.

3) Niemcy utworzyły Krajowe Centrum Cyberprzestępczości pod egidą federalną.

Biuro Bezpieczeństwa Informacji i Krajowa Rada Bezpieczeństwa Cybernetycznego.

4) Chiny rozwijają swoje zdolności wojskowe w zakresie cyberprzestrzeni, aby uzyskać przewagę strategiczną jako wschodzące supermocarstwo.

2.1.5 Sytuacja w Zambii

Podobnie jak wiele innych krajów w Afryce Subsaharyjskiej, rząd Zambii pragnie wdrożyć e-administrację, aby dotrzeć do swoich obywateli w celu promowania e-uczestnictwa i e-konsultacji w procesie podejmowania decyzji z obywatelami (Bwalya, 2009).

Rząd Zambii poczynił ostatnio postępy w kierunku e-rządzenia. Jest to następstwo utworzenia w 2015 r. Centrum Doskonałości w zakresie e-administracji i ICT (CEEGICT), które w 2017 r. zmieniło nazwę na SMART Zambia Institute (SZI). W ramach tej inicjatywy wezwano do przekształcenia Zambii w społeczeństwo informacyjne i oparte na wiedzy, wspierane przez zwiększenie dostępu do ICT dla wszystkich obywateli poprzez

2030 (MOF, 2015). Realizacja tej wizji wymagałaby skutecznej i wydajnej koordynacji działań w zakresie TIK w całej służbie publicznej. Rząd wskazał na potrzebę utworzenia Centrum Doskonałości ICT jako klucz do realizacji jego wizji (MOF, 2015).

Podjęto również inne wysiłki poprzez niedawne ustanowienie infrastruktury krajowego centrum danych w Zambii (ZNDC) w celu uzupełnienia potencjału CEEGICT (SZI) (MTC, 2017 r.). Pomimo tych wysiłków, kraj nadal stoi w obliczu zagrożeń związanych z bezpieczeństwem cybernetycznym, wynikających ze słabych praktyk w zakresie bezpieczeństwa cybernetycznego w większości instytucji rządowych, które są częścią struktury e-rządu. W ostatnich latach zaobserwowano, że w Zambii generalnie słabo wykorzystywano TIK w połączeniu z nieodpowiednimi i nieprzeszkolonymi zasobami ludzkimi w specjalistycznych TIK, zwłaszcza w zakresie bezpieczeństwa cybernetycznego. W związku z tym kraj ten w dalszym ciągu polegał w dużej mierze na outsourcingu wiedzy specjalistycznej i konsultacji w zakresie wdrażania e-administracji (Panos, 2011).

Wcześniej rząd Zambii podjął również decyzję o opracowaniu i uruchomieniu krajowej polityki ICT, która obejmuje technologie komputerowe (Habeenzu, 2010). Takie posunięcie spotkało się jednak z brakiem jasnych ram wdrażania i strategii, które mogłyby poważnie wpłynąć na wysiłki rządu w zakresie opracowywania konkretnych programów służących urzeczywistnieniu tej polityki.

2.2 Kategorie bezpieczeństwa cybernetycznego Wykorzystane w badaniu

W ocenie tej wykorzystano pięć (5) kategorii bezpieczeństwa, z wyłączeniem cyklu życia rozwoju systemów (SDLC), który zdaniem autora ma mniejsze zastosowanie w badaniu.

1) Polityka bezpieczeństwa i ICT;

2) Audyty informatyczne;

3) Zarządzanie kontrolą dostępu i bezpieczną infrastrukturą;

4) Świadomość i szkolenie; oraz

5) Ciągłość działania i planowanie awaryjne.

Wyboru tych kategorii bezpieczeństwa cybernetycznego dokonuje się zgodnie z normą ISO 27001 oraz przewodnikiem NIST dotyczącym oceny bezpieczeństwa kontroli w federalnych systemach i organizacjach informatycznych. Ramy te są wdrażane na całym świecie jako standardy bezpieczeństwa dla zarządzania bezpieczeństwem cyberprzestrzeni. Opierają się one na metodologii zarządzania ryzykiem i obejmują stosowanie kontroli bezpieczeństwa w celu ochrony i zapobiegania zagrożeniom dla bezpieczeństwa (ISO, 2017). Do innych pytań wykorzystanych w badaniu należy zaliczyć wiedzę respondentów na temat e-administracji i praktyk outsourcingowych.

2.3 Ramy teoretyczne i model

Na podstawie przeglądu dotyczącego bezpieczeństwa cybernetycznego i zarządzania elektronicznego w krajach rozwijających się opracowano ramy teoretyczne. Poniżej przedstawiono główne problemy, które zostały zidentyfikowane: -

Brak strategii/polityki bezpieczeństwa cybernetycznego oraz ram prawnych i regulacyjnych Z *mojej perspektywy i z mojego doświadczenia w zakresie rządowych technologii* ***informacyjno-komunikacyjnych*** *bardzo niewiele uwagi poświęcono strategiom, polityce i ramom prawnym i regulacyjnym w zakresie bezpieczeństwa cybernetycznego, pomimo wezwań do cyfrowej transformacji w różnych kluczowych sektorach.*

-Niewystarczający ***przydział środków na ekosystemy bezpieczeństwa cybernetycznego***

W związku z wyzwaniami gospodarczymi, z którymi boryka się większość krajów rozwijających się, środki budżetowe na ten cel są ograniczone do sektorów krytycznych. To jeszcze bardziej niefortunne, że inicjatywy w zakresie bezpieczeństwa cybernetycznego otrzymują wymagane środki finansowe.

-Brak świadomości bezpieczeństwa informacji i utrzymująca się kultura bezpieczeństwa informacji

Większość krajów afrykańskich jest bardziej zainteresowana korzyściami płynącymi z nowych technologii i zwraca mniejszą uwagę na nieodłączne ryzyko. Świadomość w zakresie bezpieczeństwa informacji jest rzadko podejmowana.

-Nieodpowiednie ***normy i modele dojrzałości dla bezpieczeństwa cybernetycznego***

Kraje rozwijające się nadal są zależne od międzynarodowych standardów i modeli dojrzałości, z których większość nie jest dostosowana do sytuacji lokalnej. Prowadzi to do rozbieżności we wdrażaniu i egzekwowaniu strategii bezpieczeństwa cybernetycznego. ***-Brak specjalistów i umiejętności w zakresie bezpieczeństwa informacji w organie rządowym*** *Szkolenie w zakresie bezpieczeństwa cybernetycznego na wczesnym etapie w większości krajów rozwijających się. Istnieje zatem poważny brak specjalistów i umiejętności w zakresie bezpieczeństwa informacji w sektorze publicznym.*

*- **Brak konkretnych polityk sektorowych***

Tendencja do stosowania pasty kopiującej przyczyniła się do braku konkretnych polityk, standardów i procedur sektorowych.

-Odporność ***na zmiany, zwłaszcza w sektorze publicznym***

Technologia jest koszmarem dla większości tradycyjnych instytucji sektora publicznego. Odporność na zmiany została uznana za jedno z głównych wyzwań podczas wdrażania systemów e-administracji w sektorze publicznym.

-Poleganie ***na importowanym sprzęcie i oprogramowaniu***

Brak lokalnego przemysłu technologicznego doprowadził do stałego uzależnienia od importowanego sprzętu i oprogramowania.

-Brak sektorowych programów badawczo-rozwojowych

Brak badań i rozwoju w sektorze publicznym jeszcze bardziej pogorszył sytuację.

-Brak odpowiedniej krajowej i globalnej struktury organizacyjnej do reagowania na incydenty cybernetyczne.

Ponieważ udokumentowano bardzo niewiele incydentów cybernetycznych, bardzo mało jest zaangażowania w tworzenie krajowych organizacji zajmujących się incydentami cybernetycznymi w krajach rozwijających się. - Słabe ***zarządzanie bezpieczeństwem IT***

Większość organizacji intensywnie inwestuje w rozwój technologiczny bez wyraźnego dostosowania takich inwestycji do swoich strategii biznesowych. Brak zarządzania bezpieczeństwem informatycznym bezpośrednio przyczynił się do braku zarządzania bezpieczeństwem informatycznym.

- Słabe ***zarządzanie usługami informatycznymi***

Pomimo istnienia kilku ram zarządzania usługami IT, takich jak Biblioteka Infrastruktury Informatycznej (ITIL), zaobserwowano, że większość organizacji sektora publicznego nigdy ich nie wdrożyła. Z mojego doświadczenia i interakcji z menedżerami IT wynika, że bardzo niewielu specjalistów IT znało nawet takie ramy.

2.4 Osobista krytyka literatury Przegląd literatury

Pomimo zwiększonego zainteresowania badaniami nad e-Governance na całym świecie, istniejące badania nie uwzględniają w wystarczającym stopniu czynników bezpieczeństwa cybernetycznego, które mają wpływ na wdrażanie i integrację systemów e-rządzenia w szczególności w Zambii. Podobnie, nie przeprowadzono żadnych badań na temat relacji pomiędzy bezpieczeństwem cybernetycznym a e-rządzeniem w Zambii. Pomimo badań przeprowadzonych w innych krajach rozwijających się na temat bezpieczeństwa cybernetycznego, bardzo trudno jest uogólnić sytuację w Zambii.

Rozdział 3

3. Ocena bezpieczeństwa cybernetycznego w Zambii

Za pomocą tego badania autor pragnie ocenić gotowość kraju do e-rządzenia w zakresie bezpieczeństwa cybernetycznego. Kwestia oceny gotowości instytucji publicznych danego kraju do zapewnienia bezpieczeństwa cybernetycznego jest delikatną kwestią, stąd potrzeba metodologii i podejścia, które w dużym stopniu uwzględniałyby kwestie etyczne. Autor wybrał rozpoznawcze studium przypadku do wsparcia badań, ponieważ na podstawie wstępnych badań literatury można było zidentyfikować niewiele prac akademickich, które dotyczyłyby oceny bezpieczeństwa cybernetycznego w kraju będącym przedmiotem zainteresowania. Można zatem założyć, że niewiele jest teorii i dlatego w tej metodologii studiów przypadków zastosowano podejście badawcze o charakterze odkrywczym. Aby osiągnąć cel i założenia badania, autor wypożyczyłby ramy zarządzania bezpieczeństwem informacji w celu określenia kategorii bezpieczeństwa, które byłyby wykorzystywane do udzielania odpowiedzi na konkretne pytania wynikające z celów. Pytania byłyby zadawane uczestnikom za pomocą formularzy online. Wyniki byłyby analizowane pod kątem kategorii bezpieczeństwa, z którymi są związane. Przyjęta metodologia tego badania była badaniami mieszanymi, głównie jakościowymi.

3.1 Podejście do oceny

Biorąc pod uwagę charakter tych prac badawczych, konieczne było określenie i zastosowanie odpowiednich podejść badawczych, które są dobrze ustrukturyzowane, kompleksowe i rozbudowane. W rezultacie przyjęto ogólny proces badawczy cebuli, aby ukierunkować te prace badawcze.

Proces ten składa się z następujących warstw: filozofie i podejścia badawcze, metody i strategie badawcze oraz techniki zbierania i analizy danych. Poniżej znajduje się opis sposobu, w jaki te warstwy badawcze zostały zastosowane w tej pracy badawczej. Dodatkowo podane są zarysy doboru próby badawczej, kwestie etyczne.

Kwestionariusz ankiety został zaprojektowany tak, aby objąć różne aspekty kategorii bezpieczeństwa cybernetycznego omówione wcześniej. Pytania były formułowane ostrożnie, aby ułatwić ich zrozumienie i uniknąć stronniczości respondentów. Te procesy projektowania zapewniają, że pytania spełniają krajowe i uniwersyteckie standardy jakości i etyki oraz że pytania są dobrze zorganizowane, łącznie z długością badania. Ponadto, kwestionariusz przewidywał anonimowość respondentów i ich organizacji w celu promowania większej obiektywności ich odpowiedzi.

3.2 Procedura pobierania próbek

Środowisko badawcze tej pracy badawczej znajdowało się w ramach sektora publicznego, w skład którego wchodziły wyłącznie instytucje rządowe. Aby skutecznie zebrać potrzebne dane, badacz zastosował głównie technikę celową. Było to idealne rozwiązanie, biorąc pod uwagę, że w technice badacz wybiera próbę na podstawie tego, kto będzie odpowiedni do badania, a w przypadku badania, jeden specjalista w dziedzinie ICT da dość dokładny obraz organizacji. Głównym celem celowościowego doboru próby jest uzyskanie próby, która w odpowiedni sposób odpowiada celom badawczym, a w przypadku tego badania były to głównie osoby z sektora ICT, które miały wiedzę na temat swojej organizacji. Badacz dysponowałby próbą celową uzyskaną poprzez zastosowanie wiedzy eksperckiej z populacji docelowej w celu wybrania w sposób nielosowy próby reprezentującej przekrój populacji (Lavrakas, 2008).

3.3 Populacja docelowa i wielkość próby

Docelową grupę badaną stanowiło trzydzieści instytucji publicznych, reprezentowanych przez (30) ICT

specjalistów w losowo wybranych ministerstwach i departamentach rządowych. Instytucje były aktywnie lub przynajmniej biernie zaangażowane we wdrażanie e-zarządzania lub zapewnianie wsparcia dla infrastruktury ICT, stąd wybór. Sondaż nie ograniczał się do ich siedziby w Lusace ze względu na charakter ankiety internetowej. W związku z tym uczestniczyli w nim pracownicy ICT w innych lokalizacjach na terenie całego kraju.

3.4 Kwestie etyczne Rozważania

Ta książka jest studium akademickim i ma na celu edukację czytelników na temat znaczenia bezpieczeństwa cybernetycznego we wdrażaniu e-rządzenia. Cel ten może zostać osiągnięty jedynie poprzez krytyczną analizę istniejących praktyk i pomóc w uświadomieniu sobie potrzeby poprawy. Etyka jest ważną kwestią przy prowadzeniu badań (Sagepub,

2007). Ta praca badawcza była prowadzona zgodnie z praktycznymi zasadami cytowanymi przez Sagepub. Uniknięto plagiatu, uznając wszystkie wykorzystane źródła poprzez odwoływanie się do nich. Również poufność zebranych danych od badanych organizacji została zapewniona poprzez zapewnienie anonimowości zarówno respondentom, jak i ich poszczególnym organizacjom. Ponadto uniknięto subiektywności badania podczas gromadzenia, przetwarzania i analizy danych oraz raportowania ostatecznych wyników badań dzięki zastosowaniu automatycznej prezentacji, takiej jak wykresy sumaryczne w google. Wykresy przedstawiały odpowiedzi udzielone przez respondentów bezpośrednio z pytań w procentach.

Aby pomóc w przeprowadzeniu badań, autor poprosił o list wprowadzający z biura sekretarza uniwersytetu ds. komunikacji informacyjnej. List został przedstawiony przedstawicielom badanych organizacji. Z przedstawicielami przeprowadzono dalsze konsultacje i poinformowano ich o zamiarze przedstawienia przez autora wyników badań na konferencji międzynarodowej, wydano czasopismo i ostatecznie książkę.

Wreszcie, biorąc pod uwagę wrażliwość badania, autor zadbał o to, aby organizacje i respondenci pozostali anonimowi.

Rozdział 4

4. Wyniki oceny

4.1. Wyniki badań

W badaniu wykorzystano statystyki opisowe do analizy wyników badania na temat kategorii. Dla każdej pozycji pytania obliczono rozkład częstotliwości i zagregowano je w różnych praktykach zarządzania bezpieczeństwem cybernetycznym w reprezentowanych organizacjach. Wyniki ankiety przeprowadzonej wśród 22 z 30 docelowych respondentów ilustrują rysunki od 1 do 13 w następujący sposób: -

Rysunek 1. Respondenci Role

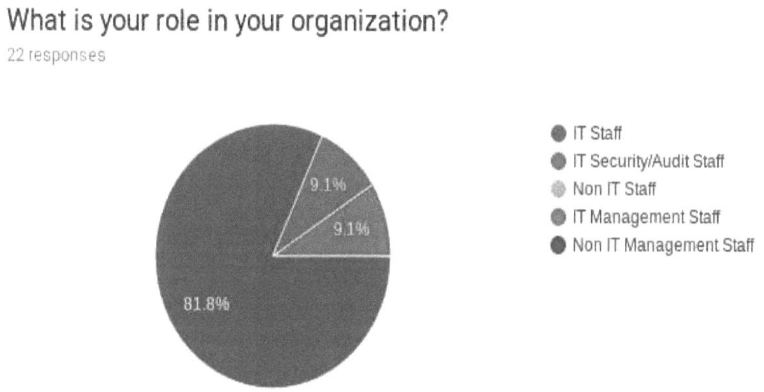

Rysunek 2. Organizacje świadczące e-usługi

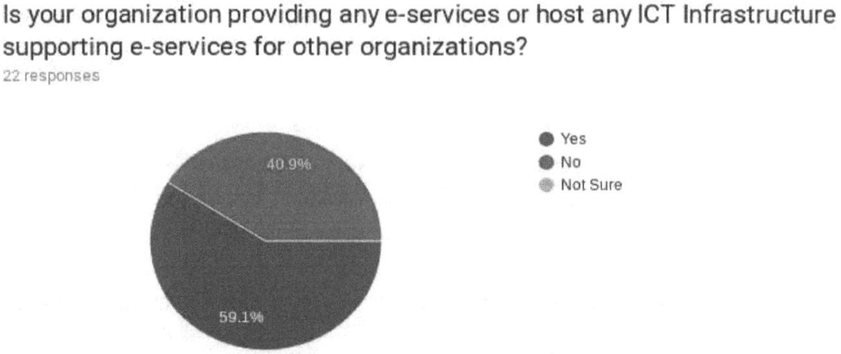

Rysunek 3. Bezpieczeństwo cybernetyczne lub polityka w zakresie TIK

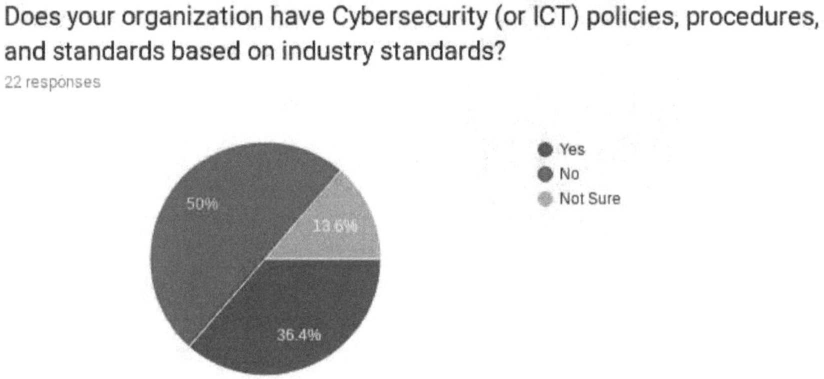

Rysunek 4. Świadomość i szkolenie w zakresie bezpieczeństwa cybernetycznego

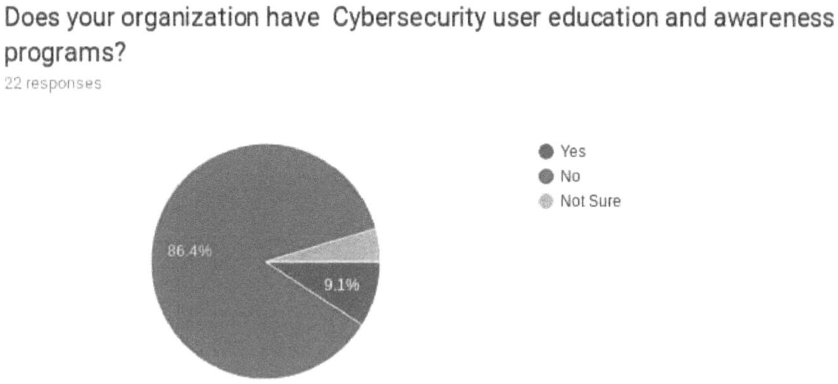

Rysunek 5. Audyty informatyczne / samooceny kontrolne

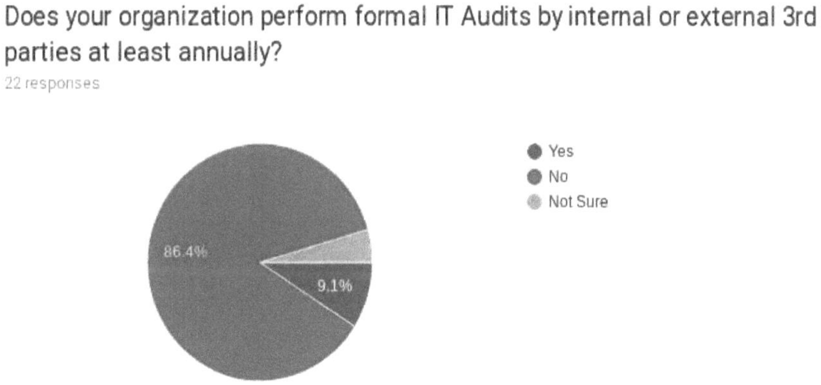

Rysunek 6. Ciągłość działania i usuwanie skutków katastrof

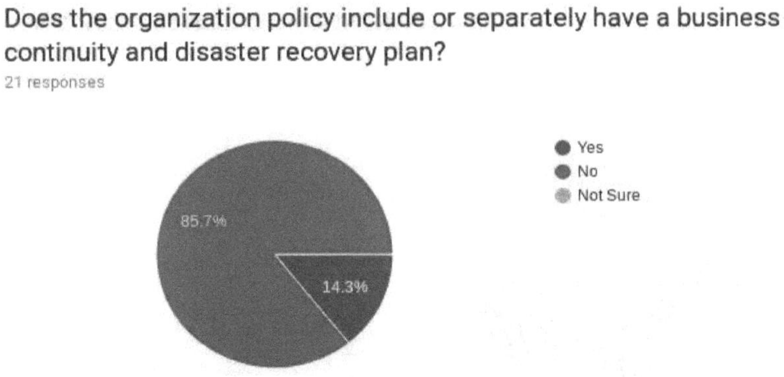

Rysunek 7. Zespoły reagowania na incydenty komputerowe

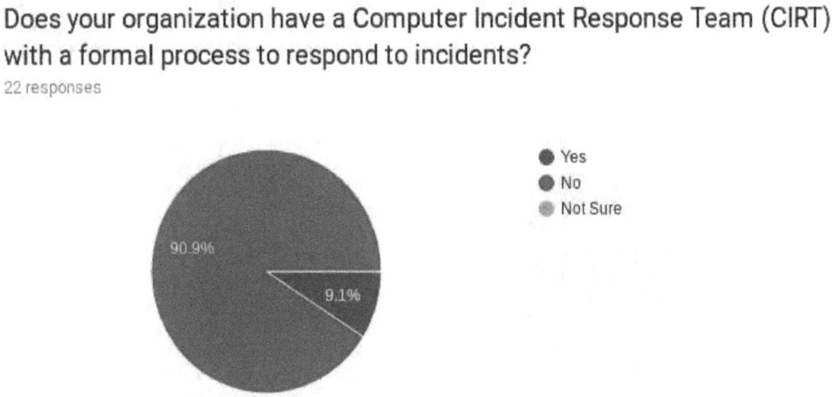

Rysunek 8. Infrastruktura Redundancja

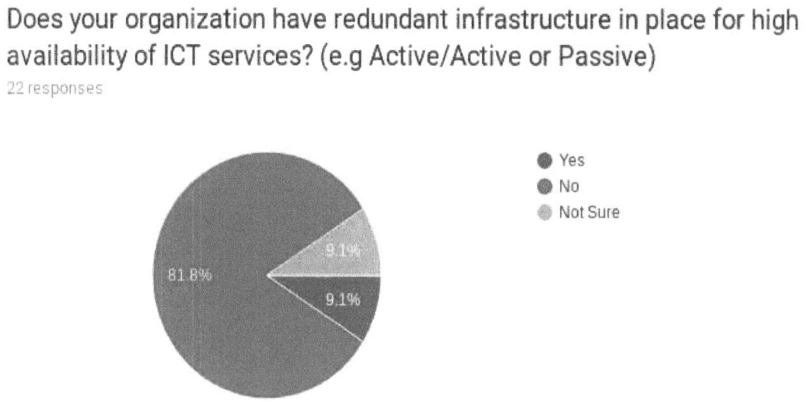

Rysunek 9. Outsourcing kluczowych usług TIK

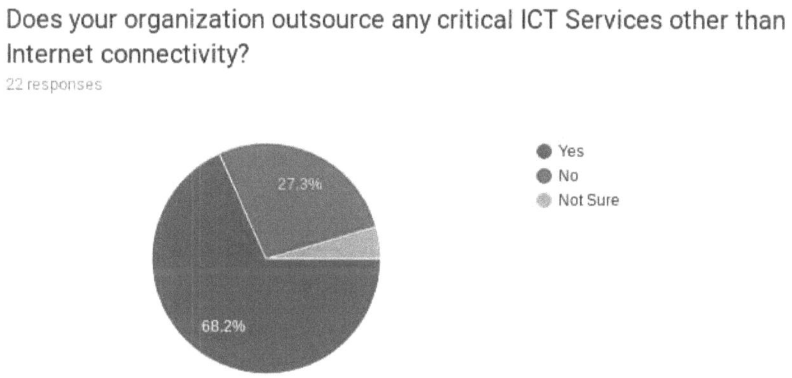

Rysunek 10. Ekspertyza Outsourcing

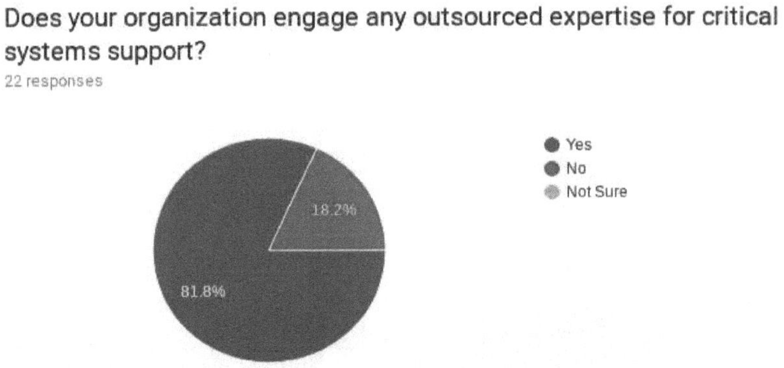

Rysunek 11. Wyznaczony Personel ds. bezpieczeństwa cybernetycznego

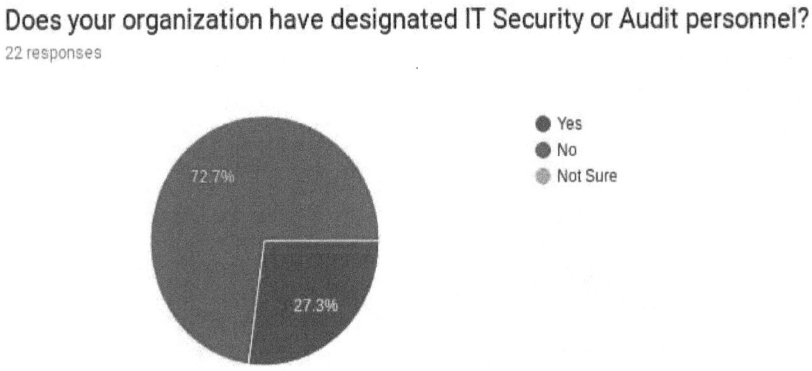

Rysunek 12. Świadczenie usług w zakresie bezpieczeństwa cybernetycznego

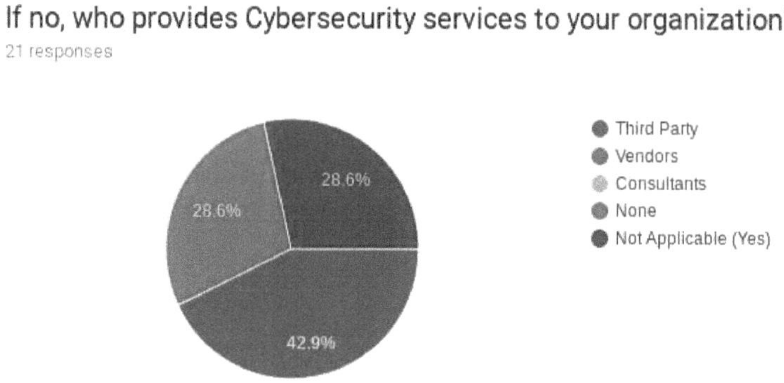

Rysunek 13. Świadomość w zakresie e-rządzenia

Podsumowując, wyniki wskazują na nieznacznie korzystniejsze postrzeganie outsourcingu kluczowych usług ICT i zapewniania bezpieczeństwa cybernetycznego przez osoby trzecie. Również około 59% organizacji świadczyło lub wspierało e-usługi.

Respondenci, którzy uważają, że wdrażanie bezpieczeństwa cybernetycznego w ich organizacjach jest skuteczne, to mniej niż 50% we wszystkich kategoriach. Podobnie, wyniki wskazują na bardziej negatywne postrzeganie audytów informatycznych, planowania ciągłości działania i usuwania skutków awarii, zbędnej infrastruktury oraz świadomości i szkoleń. Co więcej, wyniki pokazują, że jest od 13% do 20% respondentów, którzy nie zgadzają się z pytaniami, ani się z nimi nie zgadzają, tworząc w ten sposób neutralną grupę w niektórych kategoriach. Ogólnie rzecz biorąc, można stwierdzić, że wdrażanie bezpieczeństwa cybernetycznego w odniesieniu do kategorii w organizacji rządowej jest wysoce nieskuteczne.

Wyniki badań sugerują, że wdrażanie bezpieczeństwa cybernetycznego wymaga dalszej poprawy, szczególnie w obszarach, w których respondenci nie powiedzieli nic lub nie byli pewni.

4.2. Omówienie i interpretacja ustaleń

Po pierwsze, opisane wcześniej wyniki badania opierają się na odpowiedziach udzielonych przez specjalistów z dziedziny ICT pracujących w różnych organizacjach rządowych. W związku z tym ustalenia te rzetelnie odzwierciedlają prawdziwy stan bezpieczeństwa cybernetycznego w zambijskim sektorze publicznym. Z badania wynika, że wdrożenie systemu Cybersecurity jest niewystarczające do spełnienia wymogów bezpieczeństwa i celów organizacji rządowych w zakresie skutecznego wdrożenia bezpiecznej infrastruktury e-administracji.

Po drugie, należy zauważyć na podstawie wyników sondażu, że było wielu respondentów (od 13% do 20%), którzy nie zgodzili się lub nie zgodzili się na pytania z odpowiedzią "niepewną". Możliwe przyczyny, dla których respondenci nie mają pozytywnego lub negatywnego nastawienia do jakichkolwiek praktyk z zakresu bezpieczeństwa cybernetycznego mogą być spowodowane: i) ograniczoną lub niewystarczającą wiedzą na temat bezpieczeństwa cybernetycznego oraz ii) niewielkim doświadczeniem organizacyjnym i osobistym w zakresie zagadnień związanych z bezpieczeństwem cybernetycznym.

Wreszcie, badanie to ograniczyło się tylko do organizacji rządowych. Włączenie uczestników ankiety z organizacji korporacyjnych i prywatnych mogło doprowadzić do powstania różnych perspektyw i sposobów myślenia.

W tej części, dwie podstawowe kwestie z powyższych celów badania są przyporządkowane do wyników celu badania, aby dać ostateczne i najważniejsze wyniki badania. Pierwszym celem było ustalenie skuteczności praktyk w zakresie bezpieczeństwa cybernetycznego w instytucjach rządowych w Zambii; z odpowiedzi wynika, że stosunek Zambii do praktyk w zakresie bezpieczeństwa cybernetycznego jest słaby. Drugim celem było określenie sposobów poprawy praktyk w zakresie bezpieczeństwa cybernetycznego w instytucjach rządowych.

Odpowiedzi i zalecenia respondentów, a także przegląd literatury wskazują, że budowanie potencjału w zakresie bezpieczeństwa cybernetycznego byłoby pierwszym krokiem w kierunku skutecznych praktyk bezpieczeństwa cybernetycznego. Pomimo wysiłków rządu na rzecz inicjatyw w zakresie e-rządzenia, w Zambii brakuje specjalistów ds. bezpieczeństwa cybernetycznego, którzy chroniliby powstającą infrastrukturę ICT, co ilustruje wykres 11.

Istnieje zatem pilna potrzeba inwestycji w specjalistów z zakresu bezpieczeństwa cybernetycznego. Z kategorii bezpieczeństwa cybernetycznego wykorzystanych w badaniu nakreślono następujące kategorie: -

1) **Polityka bezpieczeństwa i ICT**;

Polityka, standardy, procedury i wytyczne w zakresie TIK mają zasadnicze znaczenie dla zarządzania IT w każdej organizacji. To właśnie dzięki takiej polityce wszystkie omawiane praktyki w zakresie bezpieczeństwa cybernetycznego mogą być skutecznie wdrażane poprzez podejście odgórne. Z wyników badania wynika, że większość personelu ICT w instytucjach rządowych nie żyje z powodu braku polityki ICT lub słabej komunikacji polityki wewnątrz organizacji. 2) **Audyty informatyczne**;

Audyty IT są sposobem, w jaki organizacja może zweryfikować lub przetestować skuteczność swojej gotowości do stosowania bezpieczeństwa cybernetycznego i ogólnego zarządzania IT. Audyty IT testują również zgodność organizacji z wewnętrznymi politykami oraz zewnętrznymi prawami i regulacjami dotyczącymi IT. Z wyników badania wynika, że w większości organizacji audyty IT nie są nigdy lub są słabo wdrażane.

3) **Zarządzanie kontrolą dostępu i bezpieczną infrastrukturą**;

Z technologicznego punktu widzenia kontrola dostępu i bezpieczna infrastruktura do ochrony TIK w organizacji jest niewystarczająca bez dobrze wyszkolonych specjalistów do zarządzania takimi technologiami. Z wyników badania wynika, że istnieje dość odpowiednia bezpieczna infrastruktura, która wymaga właściwego zarządzania poprzez zapewnienie wykwalifikowanych specjalistów i prowadzenie polityki.

4) **Świadomość i szkolenie**;

Świadomość i szkolenie są bardzo potrzebne, aby zapewnić personelowi cyberprzestrzegającemu zasad bezpieczeństwa cybernetycznego, który rozumie znaczenie bezpieczeństwa cybernetycznego w swoich organizacjach. Z wyników badań wynika, że takie inicjatywy są słabo realizowane w większości organizacji.

5) **Ciągłość działania i planowanie awaryjne**;

Z operacyjnego punktu widzenia świadczenie usług TIK o wysokiej dostępności ma kluczowe znaczenie, a zatem wymaga takiego planowania, które zapewni kontynuację lub szybkie przywrócenie takich usług w trakcie i po zakłóceniach w funkcjonowaniu infrastruktury TIK. Z wyników badania jasno wynika, że takie praktyki są źle wdrażane.

4.3 Skutki

Teraz każda instytucja, której działalność opiera się wyłącznie na technologiach informacyjno-komunikacyjnych, musi zrobić więcej, aby chronić się przed zagrożeniami cybernetycznymi poprzez politykę informatyczną, budowanie potencjału i inwestycje w systemy bezpieczeństwa informatycznego. Instytucje sektora publicznego muszą zacząć inwestować w umiejętności i docenić istniejące ramy zarządzania bezpieczeństwem informatycznym, aby mogły one odnieść sukces we wdrażaniu bezpiecznych systemów e-administracji.

Rozdział 5

5. Wnioski i zalecenia

5.1 Wniosek

W niniejszym rozdziale przedstawiono wyniki badania dotyczącego oceny bezpieczeństwa cybernetycznego w instytucjach rządowych na rzecz e-rządzenia w Zambii. Wyniki badania pokazują, że respondenci mają pozytywne nastawienie do świadomości inicjatyw w zakresie e-administracji w Zambii. Oczywiste jest również, że większość personelu TIK nie była pewna istnienia polityki w zakresie TIK ze względu na fakt, że nie istniała ona lub nie była właściwie przekazywana. Z drugiej strony, większość respondentów negatywnie odniosła się do kwestii świadomości i szkoleń, ciągłości działania i planowania odbudowy po awarii oraz dostępności zbędnej infrastruktury ICT. Ustalono również, że większość organizacji nie posiadała wyznaczonego personelu ds. bezpieczeństwa i audytu IT, a nieliczne, które opuściły organizację, nie posiadały odpowiednich szkoleń i kwalifikacji w zakresie bezpieczeństwa cybernetycznego. Są też respondenci, którzy byli niezdecydowani, co mogło zmienić wyniki badania, gdyby wyrazili swoje opinie. Ogólnie rzecz biorąc, praktyki w zakresie bezpieczeństwa cybernetycznego są nieodpowiednie w większości krajów rozwijających się, w tym w Zambii, co wymaga większych wysiłków na szczeblu politycznym w celu osiągnięcia poziomu gotowości do bezpiecznego e-rządzenia. Bez silnego bezpieczeństwa cybernetycznego zambijskie inicjatywy rządowe, takie jak e-administracja, nie odniosą sukcesu. Bezpieczeństwo cybernetyczne będzie miało kluczowe znaczenie nie tylko dla osiągnięcia celów i zadań organizacyjnych, ale także dla gospodarki kraju, bezpieczeństwa i ochrony infrastruktury krytycznej. Jeżeli nie zostaną wprowadzone środki, ataki cybernetyczne mogą zaszkodzić interesom krajowym wszystkich krajów, a zwłaszcza potencjalnym szkodom dla wzrostu gospodarczego. Ponieważ Internet jest globalnie połączony z siecią bez granic, cyberataki mogą szkodzić innym krajom, wykorzystując komputery w krajach, w których bezpieczeństwo cybernetyczne jest słabe i pozostają anonimowi. Otwartość internetu wymaga zatem, aby wszystkie narody posiadały skuteczną politykę bezpieczeństwa cybernetycznego, aby mieć bezpieczny i pewny internet. Ze względu na ogromne korzyści finansowe, w świecie cyberprzestępczości rozwijają one w szybkim tempie nowe techniki. Rozwój ten sprawia, że modele bezpieczeństwa i techniki wykrywania stają się bezużyteczne. Co więcej, fałszywe poczucie bezpieczeństwa i nieskuteczność narzędzia bezpieczeństwa ułatwia pracę przestępcy.

Problem z krajami rozwijającymi się polega na tym, że korzystają one z istniejących popularnych szablonów, a nie tworzą własnych, co bardzo ułatwia hakerowi wejście do systemu i manipulowanie nim.

Wreszcie, kompetencje techniczne i świadomość są uważane za kwestie pilne dla osiągnięcia bezpieczeństwa cybernetycznego w krajach rozwijających się. Rząd powinien zacząć pracować z młodymi ludźmi o dobrych umiejętnościach komputerowych, którzy w przeciwnym razie mogliby ulec pokusie wykorzystania ich do nielegalnych celów.

5.2 Zalecenia

W krajach rozwijających się organizacje publiczne muszą ponownie przemyśleć całe swoje podejście do bezpieczeństwa informacji i ustanowić praktyki bezpieczeństwa potrzebne do ochrony krytycznej infrastruktury ICT. W badaniu tym zaleca się zatem, aby instytucje rządowe w Zambii i innych krajach rozwijających się przyjęły istniejące lub ustanowiły nowe ramy bezpieczeństwa cybernetycznego obejmujące jasną politykę w zakresie TIK, audyt systemów informatycznych, ciągłość działania, planowanie usuwania skutków awarii i kontrolę dostępu w celu zapewnienia większego bezpieczeństwa infrastruktury TIK. Rządy muszą również inwestować w edukację w zakresie cyberprzestrzeni i budowanie potencjału zawodowego w zakresie umiejętności związanych z bezpieczeństwem cybernetycznym, takich jak bezpieczeństwo systemów informatycznych i audyt. Z kategorii bezpieczeństwa cybernetycznego objętych badaniem, autor rekomenduje, co następuje: -

1) Polityka bezpieczeństwa i ICT;

Instytucje rządowe przyjęły standardowe ramy polityki w zakresie TIK, które zapewniają korzystanie z urządzeń i usług TIK w odpowiedni, bezpieczny i obarczony odpowiednim ryzykiem sposób, a także zapewniają, że inne osoby nie będą nadużywać tych urządzeń i usług TIK. Polityka, normy i procedury zapewniłyby kontrolę administracyjną w celu ochrony infrastruktury TIK. Polityki te powinny być również poddawane corocznym przeglądom w celu utrzymania ich aktualności, jak również w celu nadążania za dynamicznym środowiskiem TIK. Przykładami takich polityk są: polityka sieciowa, polityka wprowadzania własnych urządzeń (BYOD), polityka haseł, polityka retencji danych, polityka kontroli dostępu, polityka tworzenia kopii zapasowych i polityka bezpieczeństwa informacji.

2) Audyty informatyczne;

Instytucje rządowe włączone do polityki ICT, obowiązkowe wewnętrzne lub zewnętrzne audyty IT, które są prowadzone w standardowych ramach, takich jak Cobit5 Stowarzyszenia Kontroli Systemów Informatycznych (ISACA) i ISO27001. Audyty mogłyby być uzupełniane regularnymi samoocenami kontrolnymi (CSA), które są ułatwiane przez pracowników audytu wewnętrznego. Audyty, które mają być przeprowadzane co najmniej raz na kwartał lub w zależności od czynników powodujących przeprowadzenie audytu, takich jak zmiany w zakresie kontroli, oceny podatności na zagrożenia i wymogi regulacyjne.

3) Zarządzanie kontrolą dostępu i bezpieczną infrastrukturą;

Instytucje rządowe przeprowadziły intensywne szkolenia z zakresu bezpieczeństwa cybernetycznego w celu ukierunkowania procesu nabywania, wdrażania i wsparcia operacyjnego bezpiecznej infrastruktury ICT. Konieczne było przyjęcie wielopoziomowego podejścia do kwestii bezpieczeństwa za pośrednictwem naszej infrastruktury TIK. Powinno to pomóc w kontroli lub dostępie do infrastruktury zarówno z poziomu fizycznego, jak i technicznego. Instalacja systemów zapewniających uwierzytelnianie, autoryzację i odpowiedzialność również odegrałaby kluczową rolę w zapewnieniu kontrolowanego dostępu do infrastruktury TIK.

4) Świadomość i szkolenie;

Rząd intensyfikuje działania na rzecz zapewnienia obowiązkowej świadomości i szkolenia całego personelu rządowego w zakresie bezpieczeństwa cybernetycznego. Świadomość i szkolenie byłyby konieczne, aby nauczyć pracowników rozumienia zagrożeń związanych z ciągle zmieniającym się słowem "cybernetycznym". Dzięki temu pracownicy byliby w pełni świadomi konsekwencji braku ochrony organizacji przed zagrożeniami. Świadomość i szkolenia powinny być przeprowadzane co najmniej raz na kwartał lub przedstawiane nowym pracownikom w każdej organizacji.

5) Ciągłość działania i planowanie awaryjne;

Kierując się polityką, standardami, procedurami i wytycznymi w zakresie technologii informacyjno-komunikacyjnych, instytucje rządowe włączyły lub osobno przedstawiły szczegółowe plany ciągłości działania i planów naprawczych po awarii. Potrzebowali oni również szkolenia i rozwoju ekspertów ds. bezpieczeństwa niezbędnych do utworzenia zespołów reagowania na incydenty komputerowe (CIRT) w celu utrzymania i zabezpieczenia infrastruktury ICT. Planowanie ciągłości działania i usuwania skutków awarii jest bardzo ważne, aby zminimalizować negatywny wpływ na działalność w trakcie i po wystąpieniu nieplanowanych zdarzeń, które negatywnie wpływają na infrastrukturę ICT. Instytucje muszą mieć udokumentowane i przećwiczone plany radzenia sobie z takimi zdarzeniami. Plany ciągłości działania powinny koncentrować się na zapewnieniu ciągłości działania w przypadku awarii, natomiast plany przywrócenia gotowości do pracy po awarii powinny koncentrować się na obiektach o najkrótszym czasie przywrócenia gotowości do pracy (RPO).

6) Zarządzanie bezpieczeństwem IT

Główną przyczyną słabych praktyk w zakresie bezpieczeństwa informacji w większości organizacji publicznych jest słabe zarządzanie bezpieczeństwem IT lub jego brak. Posiadanie bezpieczeństwa informacji w ramach planowania strategicznego IT oraz dostosowanie IT do organizacyjnych strategii biznesowych poprawiłoby tę sytuację. Posiadanie systemu zarządzania bezpieczeństwem IT zapewniłoby organizacjom kierowanie i kontrolę nad ich strategiami bezpieczeństwa IT, które zostały przyjęte na podstawie ram takich jak ISO 38500. Zarządzanie bezpieczeństwem informatycznym zapewniłoby niezbędne inwestycje w bezpieczeństwo cybernetyczne. **7) Badania i rozwój**

Badania naukowe są najpewniejszym sposobem zapewnienia ciągłego uczenia się na temat dynamicznych potrzeb w zakresie bezpieczeństwa cybernetycznego w kierunku udanych inicjatyw w zakresie e-administracji. Dlatego też autor zaleca dalsze badania na podobne i pokrewne tematy w instytucjach rządowych. **Załącznik**

Skróty

TIK - Technologie informacyjno-komunikacyjne

IT - Technologia informacyjna

e-Governance - Zarządzanie elektroniczne

QoS - Jakość usług

E-usługi - Usługi elektroniczne

Cobit 5 - Cel kontroli technologii informacyjnych **ITIL** - Infrastruktura informatyczna Biblioteka **ISO** - Międzynarodowa Organizacja Normalizacyjna

NIST - National Institute of Standards and Technology

ISACA - Stowarzyszenie Audytu i Kontroli Systemów Informatycznych

Referencje

Bloustein, E. J. (2016). *A Framework for Assessing Cyber Resilience*. Odebrane 18 maja 2018 r. ze strony https://bloustein.rutgers. edu/wp-content/uploads/2016/05/2016_WEF.pdf

Bwalya, K. (2009). *Czynniki wpływające na przyjęcie elektronicznej administracji w Zambii*. Odzyskane 17 maja,

2018, z citeseerx.ist. psu. edu/viewdoc/download? doi-

10.1.1.658.8137& rep=rep1& type=pdf

Deloitte. (2014). *Wyniki Central Asian Information Security Survey Survey (2014)*. Odzyskane 18 maja,

2018, z www.serianu. com/downloads/AfricaCyberSecurityReport2016.pdf

Habeenzu. (2010). *Krajowa polityka informacyjno-komunikacyjna Zambii*. Odzyskane dnia 17 maja 2018 r., z dnia unpan1.un.org/intradoc/groups/public/documents/unpan/unpan032690.pdf

Ipsos. (2017). *Cyber Security Breaches Survey 2017*. Źródło: https://www.ipsos. com/sites/.../ct/.../cyber-security-breaches-survey-2017-annex.pdf 18 maja 2018 r.

Ipsos. (2018). *Cyber Seurity Breaches Survey 2018*. Źródło: https://www.ipsos. com/sites/.../ct/.../cyber-security-breaches-survey-2018-annex.pdf 18 maja 2018 r.

ISO. (2017). *Międzynarodowe Standardy Organizacyjne Normy Bezpieczeństwa 27001*. Odzyskane 18 maja,

2018, z http://www.iso27001security. com/html/others.html

ITU. (2009). *Sprawozdanie z oceny gotowości do ustanowienia krajowej CIRT*. Odzyskane 18 maja,

2018, z www.itu.int/ITU-D/cyb/cybersecurity/docs/CIRT_Assessment_ABBMN_countries_final.pdf

James, C. (2017). *Wyzwania związane z bezpieczeństwem cybernetycznym w krajach rozwijających się*. Źródło: https://www. acs.org. au/content/dam/acs/acs-publications/ACS_Cybersecurity_Guide.pdf (2016).

Labaree, R. (2009). *Przegląd literatury - organizowanie badań z zakresu nauk społecznych*. Odzyskane

18 maja 2018 r., na stronie https://libguides.usc. edu/writingguide/przegląd literatury

Lavrakas, P. J. (2008). Próbka celowa - Encyklopedia metod badawczych. Metody Badań Mędrców. Źródło: http://methods.sagepub. com/Reference/encyclopedia of-survey-research-methods.

MOF. (2015). *Lunch Centrum Doskonałości E-Government i ICT przez Jego Ekscelencję.*

Odzyskane 17 maja 2018 r., z www.mof. gov. zm/.../245-launch-of-the-center of-excellence- for-e-government-and-ict

MTC. (2017). *Uruchomienie Narodowego Centrum Danych w Zambii*. Odzyskane 18 maja 2018 r., ze strony https://www.daily-mail. co. zm/data-centre-launch-set/

Panos, L. (2011). *ICT i rozwój w Zambii: Wyzwania i możliwości*. Odzyskany maj

18, 2018, z www.panoslondon.panosnetwork. org/wp-content/files/2011/01/panos-londyn-zambia-policy-brief-web.pdf

Sagepub. (2007). *Kwestie etyczne w prowadzeniu badań - Publikacja Mędrca*. Odzyskane 17 maja,

2018, z https://www. sagepub. com/sites/default/files/upm-binaries/26094_3.pdf

Serianu. (2016). *The Africa Cyber Security Report 2016*. Odebrane 18 maja 2018 r., z witryny www.serianu. com/downloads/AfricaCyberSecurityReport2016.pdf.

Zhao, H. (2015). Dochodzenie w sprawie bezpieczeństwa cybernetycznego. Odzyskane 17 maja 2018 r., ze strony https://www.researchgate.net/publication/28261309_An_Investigation_On_Cyber Securi

---

[i] https://mse238blog. stanford.edu/.../cyber-security-challenges-in-developing-countries

[ii]

[iii] https://www.itu.int/ITU-D/cyb/app/docs/e-gov_for_dev_countries-report.pdf [iv] https://searchsecurity.techtarget.com/definition/cybersecurity

[v] https://searchsecurity.techtarget.com/definition/cybersecurity

[vi] .com/downloads/AfricaCyberSecurityReport2016.pdf

[vii] .com/downloads/AfricaCyberSecurityReport2016.pdf

[viii] https://www2.deloitte. com/kz/en/pages/risk/articles/risk-ca-security-survey-2014.html

[ix]

More Books!

I want morebooks!

Buy your books fast and straightforward online - at one of world's fastest growing online book stores! Environmentally sound due to Print-on-Demand technologies.

Buy your books online at
www.morebooks.shop

Kaufen Sie Ihre Bücher schnell und unkompliziert online – auf einer der am schnellsten wachsenden Buchhandelsplattformen weltweit! Dank Print-On-Demand umwelt- und ressourcenschonend produzi ert.

Bücher schneller online kaufen
www.morebooks.shop

KS OmniScriptum Publishing
Brivibas gatve 197
LV-1039 Riga, Latvia
Telefax: +371 686 204 55

info@omniscriptum.com
www.omniscriptum.com

OMNIScriptum

FSC
www.fsc.org
MIX
Papier | Fördert
gute Waldnutzung
FSC® C083411

Kolibri 360 GmbH
Ferdinand-Jühlke-Straße 7
99095 Erfurt, Deutschland
produktsicherheit@kolibri360.de

Druck:
CPI Druckdienstleistungen GmbH
im Auftrag der
Kolibri 360 GmbH
Ferdinand-Jühlke-Str. 7
99095 Erfurt